講話CD付き

勤勉こそ成功への王道

稲盛和夫
INAMORI KAZUO

サンマーク出版

勤勉こそ成功への王道

目次

二宮尊徳が説いた〝至誠〟の力

生き方の神髄10

装丁・造本　菊地信義＋水戸部功
本文ＤＴＰ　山中 央
編集協力　京セラ株式会社　稲盛ライブラリー
京セラコミュニケーションシステム株式会社
株式会社鷗来堂
編集　斎藤竜哉（サンマーク出版）

本書は、一九九六年六月十五日に行われた「盛和塾ブラジル塾長例会」での講話をCDに収録し、その内容を書籍にまとめたものです。講演会場にて録音された音源のため、一部お聞き苦しい箇所がある場合がございます。どうかご了承ください。

書籍は収録した講話を文章にしたものですが、読みやすくするために、一部表現を変えるなど編集を加えてあります。

勤勉こそ成功への王道

成功の鍵は勤勉にあり

地味な努力の積み重ねが発展をもたらす

今日お話ししたい題目は、技術も何もないありふれた仕事、こんな仕事を続けていって本当に会社は大きくなるものだろうかと思われるような仕事、そういう仕事を忍耐強く続けていくことによって巨大な企業にまで発展するのだということです。

大きな企業に成長できないのは、ひじょうに零細で、ありふれた仕事をしているときに、心構えが間違っていたためです。

つまり、こんな地味な、どこにでもありそうな、そしてあまり儲《もう》からない仕事を続けていって、本当にうまくいくものだろうか、大きな会社ができるものだろうかと疑問に思っておられるぶんだけ、会社の発展を阻害してしまっている。

実は物事というのは、ひじょうに零細で地味な、ありふれた仕事を黙々とやってきた人が、すべて成功しているわけです。

それをあとで実例を挙げて説明しますが、まず、どんな些細《ささい》なことでも、地味なことでも、努力を続けることが大事だということをお話ししたいと思います。

二宮尊徳を例に挙げて、勤勉の継続こそ成功の唯一の方法であり、業種、仕事の種類によって、成功する成功しないというのがあるのではない。継続した勤勉だけが成功の原因なのだということを、今日は申し上げたいのです。

二宮尊徳についてはあとでまた話をしますが、二宮尊徳は鍬《くわ》一本、鋤《すき》一本でもってよく働き、たちまちのうちに五年ぐらいのスパンで村を立て直していきます。江戸時代ですから、機械があったわけではありません。彼は人力だけで、鍬一本、鋤一本ですばらしい村に再建していくのです。

それも並ではありません。何年ぶんもの穀物の蓄えをもち、たとえ一年ぐらいの飢饉《ききん》がきてもびくともしないような余裕のある村をつくっていきます。そして、どの町や村よりも豊かで整備された村をつくっていくわけです。

みなさんは、このブラジルの地でいろいろな仕事を苦労してやっておられます。ブラジルという経済環境、また自分がやっている仕事の内容からみて、苦労しながら一生懸命やっているけれども、なかなか会社も伸びないし、希望がもてないという方もたくさんおられると思います。

しかし、こういう仕事だから伸びないのだと思っておられることが、実は問題なのです。それは何も原因ではありません。こういう仕事では伸びないのではないかと思っておられるその心が妨害して、自分の会社、自分の事業を伸びないようにしているのです。

そういうことを考えるヒマがあるなら、人の何倍も働いていただきたいのです。

二宮尊徳という方は、たいへんよく働くわけです。たとえば我々が普通、もしそのくらい働くと、おそらく男性ですと、奥さんが「そんなに働いたら体を壊しますよ」と言うでしょう。周囲の人も、「そんなにバカみたいに働いたら体を壊しますよ」と言う。

また、昔は両親やおじいさん、おばあさんが、「そんなにムチャして働いたのでは体を壊すよ」と言うのをよく聞いたことがありますが、二宮尊徳は生涯を通じて睡眠時間が毎日二、三時間しかなかったというぐらいに働いて、ひじょうに頑健な体をしています。

二宮尊徳は頑健だっただけではないのです。実は二宮尊徳という人は、すばらしい心根をしているわけです。つまり、そうして一生懸命働くことに喜びを感じています。働ける自分に対して神に感謝をしているのです。

だから普通は、「働きなさい。継続した勤勉さが成功の唯一の原因ですよ」と言っても、こんなに働いたらいまに病気になるのではないかと本人が思っているし、周囲もそう思っている。

そうではないのです。二宮尊徳の場合には一生懸命がんばっていますが、がんばれること、働けることに喜びを感じている。神に感謝をしている。ですから、いつも生き生きしています。心が喜びと感謝で満ちています。

だから、今日三時間しか寝られなかった、明日も三時間しか寝られない、こんなことをしていたら体を壊すのではないか、などということは思ってやしません。三時間しか寝られなかったけれども、すがすがしい気持ちで朝起きて、それを神に感謝し、喜びを感じてさらにがんばるのです。

喜びと感謝はときに肉体の限界も超える

そういうすばらしい心、感謝と喜びで毎日を迎えられる心をもっているというのは、肉体に対して、肉体細胞に対して、すばらしい影響を及ぼしていきます。

ですから、普通一般には、物理的に考えても体力が続くはずがないと思うようなことが平気でできるわけです。それは、本人が苦痛だと思っていないからです。本人が苦痛だと思えば、もう三日ももたないわけです。

その例は二宮尊徳だけではありません。これはご承知かと思いますが、京都の比叡《ひえい》山で千日回峰を遂げた人というのは、たいへんすばらしい修行をして悟りをひらかれるといわれています。

あの千日回峰をされるお坊さんは、一日に二、三時間しか眠れない。そして、本当に粗食で、おかゆとお漬物、梅干し、そういうものを食べて、あの比叡山の山の中を飛ぶような速さでお寺からお寺へと行をされます。途中で挫折をすると死ぬという覚悟で、短刀を身につけて修行をしておられる。

それはもうすさまじい行です。学者がみな言っているのですが、どうカロリー計算してみても、絶対にもつわけがない。

あんな粗食で、一日に三十キロ、四十キロの山道を飛ぶような速さで毎日歩くのですから、計算をしても合うわけがないというのです。

それを、ご本人は念仏を唱えながら山の峰から峰へと回峰をされるときに、同時に、いまこういう修行ができることを仏に感謝し、喜びを感じておられる。だから、生き生きしていらっしゃるのです。

最後は一週間の断食をされますが、ただ飯を食べないというだけではなく、水まで断たれます。最後の断食のときには、お堂の中で一睡もしないでお経をあげられるわけです。

そして毎日、夜中の午前零時に仏さんの水を汲《く》み替えるのですが、本当に幽霊のようになって歩けなくなってしまう。それを介添え役の人に支えてもらって、谷まで行って水を汲み、仏さんの水を替えるのです。

その頃になってくると、死臭が漂うといいます。水も飲まないので、細胞が死ぬわけです。死ぬから腐ってくる。生きていながら死臭が漂う状態で修行をするという壮絶な行をされます。

そういう状態で命が維持できるのは、心が喜びと感謝に満たされているからです。だから極限的なことができるわけです。二宮尊徳の場合もそうなのです。すばらしい仕事をしていくわけです。

私は、そういうことしか、成功の要諦はないと思っています。つまり、「ブラジルというところへ来て、ろくでもない仕事しかなくて、私はこういう農業をやっています、こういうことをやっています。もう経済は悪いし、環境は悪いし、社会は悪いし、うまくいかないんです」ということではなく、いま決められた職業を天職だと思い、人の何倍も働かれるべきだろうと思います。

そのためには、心が喜びと感謝に満ちている状態でなければ、体がまいってしまいます。

成長する企業の共通項

なぜ素人がつくった会社ほど伸びるのか

みなさんがブラジルにおられるから言うのではありません。実は、私自身の成長そのものがそうだったからなのです。その話を、今日は少ししてみようと思います。

京都の企業というのは、たいへん利益率の高い企業が多いのです。朝日新聞の経済欄に大きい記事が載りました。それは「好調を支える一芸戦略」ということで、京セラ、村田製作所、ロームを取り上げ、大きな字で「利益率、平均の五倍」と書いてありました。

つまり、ここに書いてある京都の企業は、日本の一般企業の五倍の利益率をあげているという記事が出ていました。

私どものアメリカの京セラインターナショナルの社長に、「こういう記事が載っていたが、全世界の優秀な企業の利益率のランキングがあるはずだから、それをアメリカで調べてみてくれ。ここにあるような京都の企業が何位に入るか調べてください」と頼んでみました。

グローバル1000という全世界の千社のランキングのなかで、税引き前利益率上位一番から三十番までをリストアップしてくれたところ、日本企業は五社入っていました。その五社のうち四社が京都の企業で、もう一社はファナックという会社でした。

つまり、全世界の高収益をあげている利益率の高い企業ランキング上位三十社のなかに、五社も日本の企業が入っている。そのなかの四社が京都の企業なのです。すばらしい成績をあげているわけです。

それが京セラであり、村田製作所であり、ロームであり、任天堂なのです。

では、その会社はどういう会社かといいますと、実はひじょうに特徴があります。それはまず、最初に会社をつくった人は、素人に近い人だったということです。素人が最初にその仕事をしています。

私の場合ですと、大学を出て、送電線用の碍子《がいし》を作っている焼き物の会社に入り、足かけ四年、研究をやって、そして京セラをつくるわけです。

大学を出て四年間ぐらいの研究で、そんな大専門家になれるわけではありません。どちらかというと、まだまだアマチュア、素人の域を出ないものだったはずです。

その私が始めたのが京セラです。素人に少し毛の生えたような者が始めたわけです。

ロームという会社はひじょうにすばらしい会社で、社長（佐藤研一郎氏）はちょうど私と同じ年です。私と同じ年代に立命館という京都の大学を出ておられますが、大学時代に抵抗器を開発します。

抵抗器というのは、テープレコーダーなどいろいろな電子機器に使われます。いちばんかんたんなのは、細い焼き物の棒に煤《すす》をつけると、煤が電気を通しますから、その煤の薄さ厚さで電気抵抗が起きます。これを炭素皮膜抵抗器といいます。

それを大学時代に細々と試作をして、安く作る方法を考えついた。大学四年生の頃に、家の庭先の小さなガレージで、それを製造することを考えつきました。

そして、大学を卒業してどこにも勤めずに、その炭素皮膜抵抗器というひじょうにプリミティブな電子部品を最初に作り始めたのです。

それから、村田製作所はコンデンサを作って大成功しました。第二次世界大戦中に日本の軍は、ヨーロッパ、アメリカを中心に焼き物のコンデンサが電子部品に使われているというので、それを作るよう大学に指示しました。

京都大学でそういうものを研究している先生がおられて、その先生に、「あなたは京都の清水焼をやっているので、酸化チタンを焼き固めたコンデンサを作ってみませんか」と勧められ、軍の仕事として酸化チタンコンデンサの製作を始めたのです。

まったくの素人で、普通のお茶碗《ちゃわん》のようなものを作っていた陶器屋さんですが、その方（村田昭氏）がコンデンサを始められたのが村田製作所です。いまでも会長を務めておられます。

任天堂の山内（溥《ひろし》）さんは、江戸時代から花札その他の遊び道具を作り、明治以後はトランプの製造などをする家業を継いで何代目という人でした。

その人が、このままではダメだということで、実は私が経営しているタイトーという会社が昔、インベーダーゲームで日本で一世を風靡《ふうび》したことがあるのですが、それを見てファミコンに乗り出された。

素人で、紙を重ねて花札やトランプを作る会社の何代目かの社長だった人が、インベーダーゲームに触発されて、ファミコンに乗り出していかれたのが、いますばらしい企業になっているわけです。

ということは、グローバル1000という全世界の高収益会社を並べてみて、三十位のなかに京都企業が四社もランクされる。その四社をつぶさに見てみると、社長はみな素人に近い人たちです。

本当はその道のベテラン、どこにも負けないくらいすばらしい技術をもった専門家であるような気がしますが、実際にはそうではなく、素人に近い人たちなのです。

今日、聞いていらっしゃるみなさんのなかにも、素人だから、技術をもっていないから、いい仕事ではないから、というないないづくしで、それを悪い条件だと思っている方があるかもしれません。

しかし、その悪い条件である素人ということが、実はすばらしい会社をつくっていくもとになっているのです。

五つの〝逆境〟と三つの〝資質〟が成功へ導く

私は、成功していく企業というのは、いいものは一つももっていないと思います。

「五つの逆境」、そして「三つの経営者の資質」が重なると、企業は成功するということを、この京都企業の分析から感じるわけです。

では、一つ目の逆境として、素人というのは、一見ハンディキャップ、つまり悪い条件のようにみえるのに、それがなぜいいのかというと、素人なるがゆえに自由な発想をするからです。

つまり、ある仕事をやっておられる。ひじょうに単純そうな仕事だけれども、その人は素人なるがゆえに自由な発想をする。従来、この仕事はこんなものだとか、これはこうするものだとか、この程度なのだというような既成概念や、みんながもっている慣習、慣例に頓着しない。

素人で知らないものだから、もっといい方法はないのだろうか、もっと能率をよくする方法はないのだろうか、もっとうまくいく方法はないのだろうかと考える。なぜかという疑問をもつ。

つまり物事に疑問をもち、同時に自由な発想をするのが、素人の特徴です。

「五つの逆境」と言いましたけれども、二つ目には、立派で豊富な技術をもっていないことです。

成功するのには立派で豊富な技術をもっていなければ

ばならないとお考えかもしれませんが、もっていないことが、実は成功する要因なのです。

そして、ロームという会社は最初、炭素皮膜抵抗器という一つの製品しか作っていなかった。私が京セラをつくったときには、松下電子工業（当時）のブラウン管に使われる絶縁材料一つしか作っていませんでした。

任天堂はカルタとトランプしか作っていませんでしたし、村田製作所はチタンコンデンサしか作っていませんでした。

つまり、三つ目は単品生産です。素人、立派な技術をもっていない。そして単品生産で、農業なら農業で一種類のものしか作っていない。

三つともハンディキャップなのですが、素人というハンディキャップは、逆に自由な発想ができるだけにアドバンテージかもしれません。有利な点かもしれませんが、しかしハンディキャップです。みんなそのハンディキャップをもって始めている。

ところが、その経営者をみてみますと、もっている資質、人間性がひじょうにおもしろいのです。一番目に、どの経営者も勝ち気です。負けん気の強い人たちです。二番目は陽気で積極的です。三番目はある程度、欲張りです。

つまり、三つの経営者の資質とは、勝ち気で負けん気が強く、陽気で積極的、そしてある程度、欲張りだということです。

そういう性格の人が、素人で技術をもたないで会社を始めて、一品種しか作るものがないとするとどうなるかというと、最初に起こるのが危機感です。

こんなに素人で技術がなくて、一つしか生産するものがなければ、いつ会社がつぶれるかもしれない。ただでさえ人よりも負けん気が強い、勝ち気な人ですから、いつつぶれるかもしれないと思うと、つねに危機感が出てきます。経営には危機感が要るのです。満足したらダメなのです。

逆境の四つ目は、この危機感です。もう本当に明日はどうなるだろうという危機感。先ほど言った二宮尊徳の継続した勤勉さも、実はこの危機感がバックにならなければいけません。

そして同時に、危機感だけではありません。欲張りの人ですから、単品生産で、素人で、技術がなければ飢餓感があります。

つまり、このままではうちの会社は、いつ何どきつぶれるかもしれないという危機感があるうえに、わずかばかりの生産しかしていないために、つねに空腹です。食うに困るような感じがしている。飢餓感があるのです。

これが五つ目の逆境です。その飢餓感をこういう経営者はバネにしています。勝ち気で負けん気が強くて、逆境だけれども陽気で積極的な人ですから、それをバネにできるのです。

危機感と飢餓感をバネに会社は大きくなる

普通は、素人で技術がなくて、単品生産で、そして危機感や飢餓感が出てくると、「もうあかんわ」となるわけです。

「うちの会社はあかんわ。ブラジルくんだりまで来て、こんな仕事しかできないで、もうあかんわ」「今度、経済改革で大統領があんなことを決めたけれども、それでますますうちの会社はうまくいかなくなった」というので、危機感と飢餓感が絶望感に変わっていくのです。

弱気な人、消極的な人の場合には、そのように絶望感に変わっていきます。一方、たまたま逆境であっても、いま言ったように経営者が勝ち気で負けん気が強くて、陽気で積極的で、ある程度欲張りの人だったら、それをバネにして何とかしないといけないと思いますから、次に起こるのが創意工夫なのです。

愚痴をこぼしてみてもしようがない。素人だ、技術がない、単品生産だと寝言を言ってもしようがない。何とかしなければならないということで、そこから創意工夫が始まる。その創意工夫が、実は技術開発、研究開発につながっていくわけです。

そういう企業は逆境をバネにします。たとえばロームさんですと、炭素皮膜抵抗器を作っていますが、安い炭素皮膜抵抗器では会社の将来がないというので、今度はもう少し高級な金属皮膜抵抗器に手を出される。

そして、一生懸命それをやられます。

その次には、厚膜抵抗器というものに手を出されます。このままでは会社に将来性がないということで、次から次へと手を出して、周辺の、自分の技術の延長線にあるもの、自分がやっている仕事とひじょうに関連性がある、似通った仕事をやっていかれる。

つまり飛ばないのです。自分の経験が生かせる、自分のやっている近くのものに手を出して、品種を増やしていかれます。

おもしろいのは全部、それを綿々と、何十年と続けてきた企業なのです。あるところまでいくと会社が立派になるわけですから、もう素人ではなくなります。専門家になるわけです。

立派な技術も豊富な技術も蓄積できるわけです。単品生産ではなく、多数の製品を作って会社は豊かになります。そこで普通は、もうオレは大成功したと思い、ほっこりするのです。

ところがそういう会社を分析してみると、社長たちが欲張りだから続けたという意味ではなく、過去に危機感や飢餓感があって、それをバネに努力してきた。それが習い性になるのです。つまり豊かになって、本当は余裕ができたにもかかわらず、昔と同じ危機感と飢餓感がずっと続くわけです。

逆境のなかにこそ成長のチャンスがある

これは私の例ですが、もう単品生産でいこうと思っても、心配なのです。京セラを展開するのに、どうしても多角化をしなければならない。

単品生産では、これがもし売れなくなったときには、会社はパタッといってしまう。だから、もっと柱をたくさんつくらなければならないということで、多角化をしようと考えました。

また、日本経済だけに頼っていたのでは、うちの会社はダメになるかもしれないと思ったのです。

つまり、日本経済がもしダメでも、アメリカで生産をしていて、アメリカの市場に打ち込んでやれば、アメリカの経済がよければアメリカの会社は隆々と栄えていきます。

だから、これは多面的というか、日本経済だけに頼るのではなく、アメリカ経済、ヨーロッパ経済と、足場を三本ぐらい立てて、どこか一つの経済がダメでも、あとの二つがよければやっていけるということで、多面的な展開をしてきました。

いろいろな種類のものを作る多角化と、多面的な展開をしなければならない。多角的、多面的な展開ということを唱えて、経営をしてきたのです。

ですから、そういう展開をしてくれば、とっくの昔に危機感はなくなるはずなのですが、私の場合は危機感というのがつねにあるのです。

表現がおかしいのですが、関西弁でいうとアホやと思うのですけれど、たとえば三百人の従業員がいて、三百人の人を食べさせなければならないとします。三品種しか品物がないと、これがもし売れなくなったら三百人が路頭に迷うことになります。

だからもう少し強い商品を開発しなければならないと、一生懸命研究をする。そしてそういうものが開発できると、戦列に加えるわけですが、加えるとそれが当たって、バーッと売れる。

売れると、その分野だけで百人、また採用して人を入れなければならない。二百人採用して入れなければならない。それで、五百人になってしまう。

五百人の人を食べさせるのに、三本の柱、四本の柱が壊れれば五百人が路頭に迷うので、安全のためにさらに製品開発をする。それが当たるとまた五百人、別に採用しなければならない。

千人になれば、千人が路頭に迷うと大変なことだというので、さらに研究、開発をする。バカみたいなことです。

もういつまでも心配で心配で、けっきょく国内の従業員が一万五千人に、外国人の従業員が一万五千人に広がってしまいました。つまり危機感があるのです。

私がいま言いたかったのは、世界的に優秀だといわれる京都企業の生い立ちをみれば、素人で、技術がなくて、単品生産。それはひじょうにハンディですから、そのためにつねに危機感と飢餓感にあふれている。

その危機感と飢餓感をスプリングボードに、創意工夫をして、新しい事業を次から次へと起こしていった、そういう人たちだということです。

その人たちは、ないないづくしのなかでも絶望感に見舞われないような、陽気で積極的で、同時に勝ち気で負けん気の強い、そしてある程度欲張りの人です。そういう資質をもっていさえすれば、逆境こそ発展していくわけです。

ですから、ブラジルのなかで、逆境だから伸びないのだと言う人がおられるかもしれません。「うちの会社は技術がありません。資金力がありません。現在のブラジルでは、なかなかそうかんたんにはいかないのです。あなたは日本でうまくいっているかもしれないが、ブラジルではそうかんたんにはいかないのです」というようなことを言っておられる人がいるとしますと、そう言っているから伸びないのです。

逆にいうと、それはチャンスのはずです。発展するためには、経営者に「三つの資質」と「五つの逆境」がありさえすれば、少しもいいことはもっていなくても、うまくいくのです。

二宮尊徳が説いた〝至誠〟の力

勤勉さと誠実さを貫いた二宮尊徳

　ところで、先ほど二宮尊徳の話をしましたが、文庫本になっている『代表的日本人』という内村鑑三の著作があります。これを読むと、二宮尊徳はやっぱりすごい人なのです。少し解説してみましょう。

　この二宮尊徳という人は、たいへん不幸な生い立ちの人です。幼くして両親が亡くなり、十六歳のときに二人の小さな弟とともに孤児になるわけです。

長男の尊徳は、伯父さんの家に預けられ、たいへん苦労して、努力をするのですが、いま京都企業の発展の話のなかで言った創意工夫をする人なのです。

年配の方はご存じだと思いますが、二宮尊徳という と、昔、学校に銅像がありました。薪を背負って本を読んでいる銅像です。あれはなぜかといいますと、尊徳が伯父さんの家で朝から晩まで働くのですが、どうしても自分で勉強をしたいと、彼は思うわけです。

もちろん学校に行けるわけではありませんから、いわゆる孔孟の教え、陽明学の本を持ってきて、それを勉強しようと思います。

伯父さんの家に居候していて、昼間の自分の時間は全部伯父さんのものだということでがんばらなければならない。それで夜、ランプの油に火をつけて勉強するのですが、それを伯父さんにとがめられるわけです。そこで、村のはずれにあったひじょうに荒れ果てた沼地に、自分で鍬を持っていき、休みのときにそこを耕し、菜種を植えます。ひと夏が過ぎると菜種を一俵取り、村の油屋さんに持っていって種油と換えてもらう。一升瓶が何本かわかりませんが、換えてもらって、その油を使うのです。

伯父さんの家の油は使わずに、自分で沼地に植えた菜種で取った油で夜、勉強するのですが、それを見とがめられて、また伯父さんに叱られるわけです。

実はかくかくしかじかで、自分で沼のところに菜種を植えて油に換え、その油を使っていると伯父さんに言うのですが、「何を言っている。おまえの全部が伯父さんのものだ。おまえのものなんて一つもない。おまえに飯を食わせているのはオレだ。おまえのものは全部、オレのものだ」と言われるわけです。

昔の封建時代のことですから、何と過酷なことだと思いますが、伸びる人というのは素直です。そう言って怒られて、「そうだな」と思うのです。

誠に申し訳なかった。自分は休みの時間で菜種を植えて、伯父さんには何の迷惑もかけないでやったつもりだったけれど、休みの時間も伯父さんのものだったと。「悪うございました」ということで、もういっさい、夜、自分の油ででも勉強しないのです。

それから始まるのが、あの銅像のように、働きながら、単純作業のときに本を読むということでした。

そして、彼は孔子の教えをマスターしていき、それを人生の座標軸にするわけです。つまり孔孟の教え、陽明学を座標軸にするのです。

毎日を懸命に生きればおのずと先は見えてくる

彼は、儒教精神、儒教の道徳観念というものをしっかりともって生きるわけですが、本にはこう書かれています。

「彼のごとき熱誠の人にとっては、いかなる事業に対しても全身をささげざるは罪である」

何事をするにしても全身をささげなければ罪だと思うような人だったというのです。

二宮尊徳のように、儒教の精神を基にした、ひじょうに誠実な熱誠の人にとっては、どんな事業に対しても全身全霊をささげないのは罪であると思っていた。

そして、彼がいかに土地の衰廃、つまり土地が荒れ果てることと、人気の汚濁、つまり人間の精神の荒廃と戦ったかということは、ここではくわしくは言えませんが、彼は権謀術策や政略というものはまったくもっていませんでした。

私もどちらかというと二宮尊徳流で、そういうものは要らないと思っています。一生懸命がんばりさえすれば、先も見えてくる。京セラを創業して今日までくるのに、よく戦略的な方向づけをしなければならないとか、社長の仕事の五割は戦略を考えることだとか言われましたが、とんでもないと思います。

そんなヒマがあるなら、現場で働けと言いたい。ボストンのハーバード大学などいい学校でも出ると、何かそういうことを考えなければならないでしょうが、そうではありません。毎日を一生懸命働けばいいのです。

京セラという会社はここまで発展しましたが、戦略など考えていません。現場で働いているなかでみえてきます。戦略も出てきます。

戦略を考えましょうかといって、考えられるものではありません。そういうものは空理空論のようなものです。

二宮尊徳の場合も、術策や政略をまったくもっていませんでした。彼は、ただ一つ強い信仰をもっていた。それは、「至誠の感ずるところ、天地もこれがために動く」というものです。

誠を尽くしてやりさえすれば、天地もこれがために動く。自分の真心、誠心誠意というのは、天をも動かすというのが、彼の信仰でした。

つまり、できないというのは、自分の誠の足らざることをいうのであって、誠が伝わりさえすれば、天もこれをして動かすと信じていたのです。

そして、彼はすばらしい仕事をしながらも、おいしい酒肴《さけさかな》を避け、ひじょうに地味な木綿の服しかけっして着ませんでした。

仕事に出ては、民家の中では食事をせずに田んぼのあぜ道で食事をし、寝るのはつねに二時間ばかりだったといいます。すごい体力で、先ほど千日回峰の話で言ったように体力がもつものかと思うほどです。

それで、おもしろいのは、こういうことを内村鑑三が言っているのです。

「一日、わずか二時間しか眠らず、部下の誰よりも先に畑にあり、すべての者が立ち去るまでその畑にとどまり、かくして貧しい村民に望んだもっとも困難な運命を彼自身、耐え忍んだのである」

村を立て直していくのに、どんな村人よりも先に畑に出て、村人がみんな帰って暗くなってから必ず自分は帰っていた。誰よりも困難な運命を彼自身が耐え忍んだ。

そして、彼は部下を叱咤《しった》、批判するときは、つねに「動機の真実なるやいかに」と問うた。つまり動機が真実でなければ、彼は厳しく部下を叱ったのです。「動機善なりや」と私は言っていますが、内村鑑三は、二宮尊徳も動機の真実なることをもって部下を批判したと述べています。

さらに、「彼は勤勉と誠の心、精神とが独立と自尊とに達し得ざる場合を知らなかった」。勤勉と誠を尽くして一生懸命やれば、必ず独立自尊に達する。つまり、立派に独立できて、立派な事業ができるということを、彼は信じて疑わなかった。

そして尊徳はこう言っているといいます。「天地の運動は一刻の間断あるなし」。天地の運動というのは、一瞬もとどまっていない。間断なく動いている。「それゆえに万物生成倦《う》まず」。それゆえに生きものすべては、そのなかでずっと生きているのです。

「人これに則《のつと》り間断なく勉励すること天の運動のごとくならば」、人は天の運動のように間断なく、絶え間なく勉励、努力するのであれば、「困窮を求むといえども得べからず」。よしんば私は苦労しようと思ったとしても、苦労などする必要はないのです。それは得られないのです。

困窮、食うに困るということを望んでも、それは得られません。天の動きのごとく間断なく努力を続ける人は、必ず福を得るのですと、そういうことを彼は言っています。たいへん素直な人なのです。

誠を尽くせば天地すら感動させられる

彼のところへ来て、「殿様の政治が悪いので、わが村はもう困窮して、うまくいっていません」と不平を述べ、先祖伝来、農業を営んでいた人たちが、先祖の土地を手放して故郷を去っていこうとしました。

「もうこの村には住めません。悪代官がいて、大変な税金を取り立てられて、やっていけません」と不平を述べた農民たちに彼が言うのは、「みなさん一人ひとりに鋤を一丁ずつあげましょう。そして、もしみなさんが私が教えるとおりに、それを捨てないで一生懸命田地畑を耕すならば、たちまちにして田地畑は楽土と化して、いままでみなさんが背負ってきた負債をすべて返済することができましょう」と。

さらに、「自分たちの先祖伝来の土地以外に、運命を探し求めるということは必要ありません。必ずその先祖伝来の土地のなかで裕福な生活が営まれるはずです」と言って、二宮尊徳は、いよいよ村を捨てて逃げていこうとする人たちに鋤を一丁ずつ与え、戒めて、村を楽園浄土にしていったのです。そういう例は幾多あるようです。

彼はつねに誠実な人なのです。こういうことも言っています。

「災いを福に転ぜんもの、ただ一つ至誠のみ。知謀術計の及ぶところにあらず」

つまり、どんなに頭を使っていろいろなことをやっても、そんなものは及ぶところではない。災いを福に転ずるものは、ただ一つ、誠のみだということです。

そして、それは浅はかな知恵ではない。

「その至誠に至っては鬼神これがために感じ、天地の大たるもこれがために感動す」

その人がもっている誠を尽くすことに至っては、鬼神もこれに感じ入り、同時に天地までがこれに感じて感動するというのです。

つまり、二宮尊徳という人は誠といいますか、誠実、そして勤勉、それしかないということを貫いた人だった。内村鑑三は日本人というのは、こういう勤勉で真面目な人たちですということを英文で書いて、世界中の人たちに知らそうとしたわけです。

私は今日の話をきっかけに、さらにみなさんがすばらしい成長をされて、それぞれの家業、事業に大成功していただきたいと思っています。

生き方の神髄 10

稲盛和夫箴言集

91.

物事を成就させ、人生を充実させていくために必要不可欠なことは「勤勉」だ。すなわち懸命に働くこと。真面目に一生懸命仕事に打ち込むこと。そのような勤勉を通じて、人間は精神的な豊かさや人格的な深みも獲得していく。

（『生き方』）

92.

一生懸命に働くことが、人生をすばらしいものに導いてくれる。働くことは、まさに人生の試練や逆境さえも克服することができる「万病に効く薬」のようなものだ。誰にも負けない努力を重ね、夢中になって働くことで、運命も大きくひらけていく。

（『「成功」と「失敗」の法則』）

93.

勤勉に働くことは、心を鍛え、心をつくることであり、悟りに至る過程だと理解している。つまり、勤勉に働く人はたんに生きるための糧を得るだけでなく、副次的に自己の欲望を抑え、心を鍛えて、心を浄化することができる。労働にはそういう重要な機能がある。そのことを忘れてしまったために、現在の世相の荒廃がある。

（『稲盛和夫の哲学』）

94.

働くことに対する価値観をあらためさせることが、いまの日本にとってもっとも重要だ。なるべく働かずに多くのお金をもらうのがいいのではなく、懸命に働くことで生活の糧を得るだけでなく精神的な満足が得られ、人間を磨くことにもつながるのだ、という考え方を多くの人がもつようになるべきだと思う。

（『徳と正義』）

95.

真面目に一生懸命に働くという行為こそが、人間を立派にしていく。苦労する経験を避けていった人で、立派な人間性をつくり上げた人などいないはずだ。若いときから一生懸命に働き、苦労を重ね、自らを鍛え、磨いていった人こそが、人間性を高め、すばらしい人生を生きることができる。

（『考え方』）

96.
苦しいことやつらいことがあれば、その状況から脱出したいと思うのが人間だ。だが、現実から逃げようと思っても逃げられない。不運であろうとも、不遇であろうとも、それに耐えて明るく前向きに努力を続けるのが人生で、私の人生は、そうすることで夢が実現していった。

（『考え方ひとつで人生は変わる』）

97.

逆境とは、自分自身を見つめ直し、成長させてくれるまたとないチャンスなのだ。逆境をネガティブにとらえて悲嘆に暮れるのではなく、志をより堅固にしてくれる格好の機会ととらえて、敢然と立ち向かうべきだ。試練を通してこそ、志は成就する。

（『人生の王道』）

98.

困難なとき、ともするとつい愚痴が出そうなとき、弱音が出そうなときに自分自身を励まし、勇気づけることができる人、けっして愚痴をこぼさない人、困難であればあるほど未来に向かって明るく希望を燃やし、その希望に向かってどんな不利な条件のなかでも努力を怠らない人、そういう人は必ず成功する。

（『誰にも負けない努力』）

99.

一生懸命に働きさえすれば、経営は順調にいく。どんな不況が来ようとも、どんな時代になろうとも、一生懸命に働きさえすれば、十分にそれらを乗り切っていける。経営をするには経営戦略が大事だ、経営戦術が大事だと一般にはいわれているが、一生懸命に働くということ以外に成功する道はない。

（『誰にも負けない努力』）

100.

試練に遭遇しながらも、その試練に耐え、脱却すべく精一杯の努力を怠らない人。けっして世を恨み、人を妬み、不平不満をならすことなく、与えられた苦難を真正面から受け止め、むしろ自分の向上心を試す試練だと受け取り、感謝しつつ、前向きで明るく素直に努力を続けていく人。そういう人はすばらしい成功と明るい未来を必ず勝ち取っている。

（『稲盛和夫の哲学』）

出典（94.を除き、いずれも稲盛和夫著・一部改変したものがあります）

91.『生き方』158Ｐ（サンマーク出版）
92.『「成功」と「失敗」の法則』102Ｐ（致知出版社）
93.『稲盛和夫の哲学』164、165Ｐ（ＰＨＰ研究所）
94.『徳と正義』58Ｐ（中坊公平・稲盛和夫著　ＰＨＰ研究所）
95.『考え方』83Ｐ（大和書房）
96.『考え方ひとつで人生は変わる』127Ｐ（ＰＨＰ研究所）
97.『人生の王道』45Ｐ（日経ＢＰ社）
98.『誰にも負けない努力』54Ｐ（ＰＨＰ研究所）
99.『誰にも負けない努力』36、37Ｐ（ＰＨＰ研究所）
100.『稲盛和夫の哲学』127、128Ｐ（ＰＨＰ研究所）

稲盛和夫（いなもり・かずお）　一九三二年、鹿児島生まれ。鹿児島大学工学部卒業。五九年、京都セラミック株式会社（現・京セラ）を設立。社長、会長を経て、九七年より名誉会長。また、八四年に第二電電（現・ＫＤＤＩ）を設立、会長に就任。二〇〇一年より最高顧問。一〇年には日本航空会長に就任。代表取締役会長、名誉会長を経て、一五年より名誉顧問。一九八四年には稲盛財団を設立し、「京都賞」を創設。毎年、人類社会の進歩発展に功績のあった人々を顕彰している。
著書に『生き方』『心。』『京セラフィロソフィ』（いずれも小社）、『働き方』（三笠書房）、『考え方』（大和書房）など、多数。

稲盛和夫オフィシャルホームページ
https://www.kyocera.co.jp/inamori/

勤勉こそ成功への王道

二〇二一年　五月　二十日　初版印刷
二〇二一年　五月　三十日　初版発行

著　者　稲盛和夫

発行人　植木宣隆
発行所　株式会社　サンマーク出版
〒一六九－〇〇七五
東京都新宿区高田馬場二－一六－一一
（電）〇三－五二七二－三一六六
印刷　共同印刷株式会社
製本　株式会社若林製本工場

ISBN 978-4-7631-9840-2　C0030
ホームページ　https://www.sunmark.co.jp

【稲盛ライブラリーのご案内】

「稲盛ライブラリー」は、稲盛和夫の人生哲学、経営哲学である京セラフィロソフィを学び、継承・普及することを目的に開設されています。稲盛の人生哲学、経営哲学をベースに、技術者、経営者としての足跡や様々な社会活動を紹介しています。

■所在地　〒612-8450 京都市伏見区竹田鳥羽殿町9番地
（京セラ本社ビル南隣り）

■開館時間　午前10時～午後5時

■休館日　土曜・日曜・祝日および京セラ休日

■ホームページ

https://www.kyocera.co.jp/company/csr/facility/inamori-library/

稲盛和夫 CD付き講話シリーズ

どう生きるか なぜ生きるか

人にはそれぞれ運命がある。しかし、それをくつがえし、自らの人生を切り拓く力を誰もが秘めている。人生の意味と人が目指すべき生き方を指南する。

経営に 求められる力

経営者は「三つの力」――自力、他力、そして偉大なる〝自然の力〟を身につけよ！　経営者としての歩みのなかで紡ぎ出された、究極の経営論。

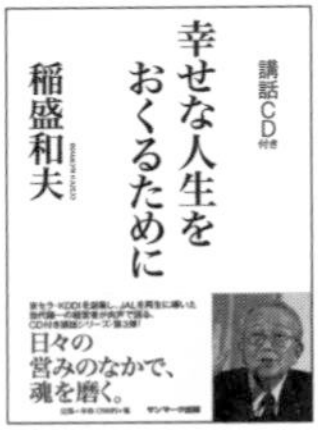

幸せな人生を おくるために

人生の目的とは、自らの魂を磨き、世のため人のために尽くすこと。幸せな人生をおくるために日々心がけたい「利他行」と「六つの精進」とは？

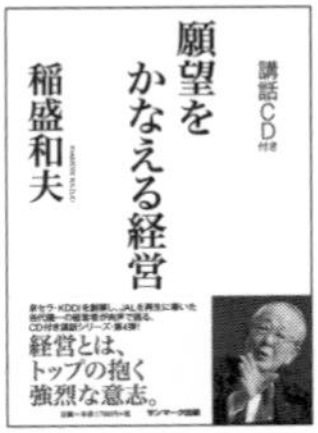

願望を かなえる経営

経営とは、トップが抱く強烈な意志である！　会社を長く、安定して、発展させ続けるために経営者がなすべきこと、もつべき心。

リーダーと してのあり方

集団を守り、導くために、リーダーはいかなる存在であるべきか――。独自の人間観、宇宙観から紡ぎ出された、リーダー論の新たなる地平。